LE TRIOMPHE

DE MINERVE, PAR

LES MVSES D'HIPOCRENE

SVR L'HEVREVSE LIBERTE
du Sieur Theophile l'vn des beaux
Esprits de ce temps.

M. DC. XXV.

LE TRIOMPHE
DE MINERVE,

Par les Muses d'Hypocrene.

Sur la liberté du sieur Theophille, l'vn des beaux esprits de ce temps.

I les plus excellents obiects troublent les sens, si les brillantes splendeur des rayons de ce grand flambeau celeste esblouit soudain les yeux, si l'effroyable bruit des profondes cheute, du nil assourdist l'ouye, si les plus Aromatiques senteurs de l'Orient alterent l'odorat, si le miel de de Hiblée, & les plus douces liqueurs affadissent le goust, & si le froit plus apre engourdist le touchement.

Quelle merueille nostre cher Theophile qu'à vostre bien venue en ce môt

d'Hypocrene, nos memoires se four-
uoyent, nos entendemens demeurent
confus, & nos langues demeurent
liée. Toutes fois ornant la fecondité de
noftre Harangue d'vn religieux filence
que vos merites defquels l'on ne fçau-
roit que dignement ont faict naiftre en
nous vn doux rauiffement ou nous
fommes, car la gloire des beaux efprits
fe peut efcrimer par les efcrits, &
par les parolles, & le voftre par admi-
ration & le filence.

Mais quoy? tout ce que l'abondance
des plus grands Orateurs & Poëtes
pourroient dire fur voftre heureufe
liberté (dont ce tres illuftre Senat fera
par nous immortallizé) tant par nous
defirée feroit bien peu au refpect de
ce qu'il laifferoient à dire, & ne fçau-
roient faire dauantage que nous: nous
ferions en fin femblable à ceux qui en
parties efleuez fur la riue d'vne mon-
tagne, & parties encores arreftez au
fonts d'vne vallée fe trouuent neantmoins tout efgallement eflongnez du
du coips de la Lune.

Neantmoins pour ne fruſtrer du tout
nos bonnes eſperances nous voulons
pour le moins teſmoigner la grande
rejouiſſance que toutes nous receuons
à voſtre bien arriuée & puiſque l'an-
ticque ignorance pouſſé d'vn naturel
amour, faiſoit offrande au Dieux quelle reueroit : côme des Eſpics à Ceres,
des raiſins à Baccus, des Olliues à Minerue des fleurs à Flore, & des Pomme
à Pomone, à plus iuſte raiſons chan-
geant les vaines f*ables en vrais & cer-
tains diſcours nous vous conſacrons
le peu de merite que nous auons en ce
mont d'Hypocrene.

Les Gentils eſtimoient immortels
les hommes qui auoient la prehemi-
nence d'auoir place à la table des Dieux
c'eſt pourquoy Theophile à cauſe que
vous eſtes chery, aymé, & Protegé de
noſtre Deeſſe Minerue, que ſi les anciens Poëtes viuoient ils quitteroient
leur ouurage pour faire comme nous,
Homere laiſſeroit ſon illiade & ſon
Odicée: Virgille ſa Georgicque, & ſon

Æneide, Stace son Thebaide & son
Achilleide, valere son Argonantique,
Ouide ces Metamorphozes, Lucian sa
Pharsale, Plutarque son Affricque,
Dante sa Commedie, & tous ensemble
chanteroient (sans fictions) vos loü-
anges.

Pareillement toutes les Muses pour
la deliuráce de voftre captiuité & pour
voftre agreable retour auec nous, tous
les plus excellents esprits remplis d'vne
indicible joye, s'efforce par loüable
enuie de surpasser les Anciens leur con-
curants eux mesmes, & leur art pro-
pre, par artiffices, par magnificques
inuentions quelles tentes pour ce faire
eftimer de vous les Poëtes temperant
leurs plumes acommodent leur papier
à prefent à voftre honneur nouuelles
façons de Poesmes, chansons & son-
nets excellent pour chanter les gloi-
res de voftre liberté, les Muficiens fur-
paffent la naturelle Harmonie des Ro-
fignols, par leurs accordantes voix &
inftrument au ton de vos merites.

Les sœurs de Phaton (si ce ne sont
fables) pleurent, & pleurant se rejouissent, puisque leurs larmes tombans de-
uant vous sont conuertis en rosées, cō-
me les Cailles se rejouissent & remercie le Ciel, quant ils leurs enuoye
des larmes de rozée, apres la faux de
la chaude moisson, nous dirions si cela
ne passoit en sens Poeticques que Dia-
ne remercie Phœbus de la voir trans-
formée en arbre, pource que ces ver-
doyans rameaux vous seruiront de
Couronne.

Les Astrologues se plaignent de n'a-
uoir predit parfaitement les esclats de
vostre bel esprit n'ayant parlé de vous,
pour lequel Minerue, confesse d'auoir
esté pendant vostre captiuité impar-
faict: car maintenant de Pegase sortent
mille fontaines, Pegageoisses, & les
Muses faisans office d'Agriculture,
s'occupent à planter nouueaux ger-
mes de lauriers, & tant d'eau suffiroit
pour faire des couronnes & donner
force poëtiques à tant de Poëtes qui

s'appreſtent pour chanter les loſian-
ges de voſtre nom, qui ſeront non ſeu-
lement aſſeurez contre les foudres de
Iupiter : mais auſſi des langues Ariſtar-
ches, & Monimes, à cauſe de leurs ver-
doyantes Courōnes, & de voſtre nom
tant aymable Puiſque Theophile en
grec eſt a dire aymé de Dieu, leurs plumes le conuertirōt en Cinamome, leur
encre au baulme, leurs papiers en com-
poſition d'ambres de ciuette & de
muſc pour faire ſentir par tout la gloire
de voſtre nom.

Les antiens ſont ennuyeux que l'Im-
primerie n'aye eſté inuentée de leur
temps, & porteront encore plus dou-
loureuſe enuie quant par icelle ſera
par tout publié les faiⅽts de voſtre bel
eſprit, mais il faudra que les Impri-
meurs trouuent de nouueaux papiers,
& nouueaux caraⅽteres, pour ce que
ceux qui ſont mis en vſage, ne ſont
plus en vſages ny dignes pour impri-
mer vos meutes.

Toutes choſes ſe rejouiſſent pour
voſtre

voftre heureufe liberté, l'Hiftoire fe
refiouit parce qu'elle viendra au fom-
met de toutes excellences, la Poëfie fe
refiouit pource quelle recouurera fon
premier luftre, la Rethoricque fe refiouit, pource que l'eloquence de fon
difcours parlant de voftre doctrine fera
mi e au periode de toute perfection.

L'Arifmeticque fe refiouit fperant
recouurer nouueaux nombres, pource
que ceux qui ont efté iufque a prefent ne font fuffifant pour nombrer les
valleurs de vos merites.

La Geomettrie fe refiouit pource
que la peinture & la fculpture de ces
honorables filles monteront en leur
dignité fupréfme, montrant le pour-
traict de voftre perfonne.

La Muficque fe refiouit, fe promet-
tant dacquerir parfaicte douceur d'harmonie, quant fur ces nottes elle enton-
nera voftre nom.

O inefable douceur! ô incroyable
ioye! ô allegreffe incomprehenfible
quant apres vos incomparables eftu-

B

des apres auoir resceu tant de trauâux)
d'enfant vous estes venu homme parfaict tout couuert d'honneur, chargé &
orné de ceste belle richesse des lettres,
honoré des hommes doctes, qui ta cô-
pagnent & te suiuent par leurs loüan-
ges.

Nostre cher Theophile, tu na pas esté
le premier qui a souffert pour l'enuie
de ton bel esprit & doctrine, c'est pour
la doctrine qu'Anaxagoras laissa les
champs, que Platon quitta sa patrie,
que Crates quitta & abandonna son
or & son argent & toutes ces richesses,
Democritte se priua des yeux, & que
Salomon mesprisa toutes choses.

La vertu est côme la pierre precieuse
dans vn anneau, comme le Soleil au
Ciel, & comme la fleur aux plantes,
fleurs dis je que iamais ne fletrissent,
fontaines qui ne tarissent iamais, mon-
tagnes qui mesprisent les nuës forme
à iamais durable aube, & aurore du le-
uant Lune luisante, Soleil qui de ces
rayons dissipent les brouïllars de la

Fortune, c'eſt Theophile les beaux
tiltre dont les ſciences ſont ornée, deſ-
quelles vous eſtes l'vn des plus parta-
gez qui ſe trouuent à preſent & par leſ-
quelles vous triompherez des l'auriers
qui voudroient ternir l'eſclat de voſtre
louable reputation.

Toſt diſons nous la vertu & les ſciences, qui ſont l'eſpoir de l'enfance, les
delices de la puorilité, le gouuernemẽt
de l'adoleſcence, la ſplendeur de la ieu-
neſſe le fondement de la virillité, l'ex-
ellẽce de la vieilleſſe, l'hõneur des de-
crepides, le ſoulas de la mort, bref la vie
de la mort & vie eternelle de la mort.

La vertu c'eſt vn heritage que nous
poſſedons qui n'eſt pas propremẽt noſtre ſucceſſion, puis qu'il ne peut eſtre
legetimement legué par nos parens,
ny valablement donné à nos enfans,
leſquels ou nous meſme mourans *ab
inteſtac,* elle ne peut par aucun droiĉt he-
reditaire tomber ny eſtre referé à nos
nepueux de noſtre eſtoc: elle s'acquiert
vne fois à nous, s'eſprouuent ſouuent

en nous, se possede tousiours pour nous
ne se perd iamais, ne se delaisse iamais
en aucun lieu, n'est soubmise en aucu-
ne puissance n'est iamais mise en des-
pots, & n'est promise qu'a ceux qui la
recherche par le trauail.

Non c'est le patrimoine lequel vn
antien Philosophe portoit sur ces espau
les, fuyant le sac de sa Patrie desia pres-
que ruynee disant *Omnia mea mecum porto*
disant qu'il portoit tout son bien auec
luy. C'est aussi le doüaire que la Poë-
tesse Sapho, promettoit à son amy
Phaon.

Voyez ie vous prie Iullius Cesar,
portant en sa main dextre vne espée, en
la senestre vn tuyau de plusme, en la
teste vn heaume, & au sein ses com-
mentaires s'honorant & se faisanr bra-
ue dans le sang de ses ennemis, par son
ancre mesme.

Contemplez Auguste assis entre les
Poëtes ou commis, il disoit gissant entre les larmes & les soufpirs, Adrian
composant des vers lors qu'il rendoit

les derniers abois de la vie. Regardez Marc-Anthoine, mourant au faiste de l'Imperiale dignité, retenant toutes-fois l'ancien nom de Philosophe, & Alexandre mettant son coutelas souz l'oreille d'Achilles, & souz le liure d'Homere.

Que si la grandeur des pas & la longueur des allures de ces grands personnages vous estonnant, voicy des femmes que nous vous produisons qui predront rang auec vous, & se mettrōt aux premiers rangs. Ie vous ameine au premier lieu Carmentera, inuenteresse des lettres elementaire desquels vsons, voicy Hiscrime femme d'Heripitre Roy de Scitie, qui enseignoit tres eslegamment la Grammaire Latine, & la Dialectique aux Gracches les enfans. Ceste grande Royne d'Assirie & d'Egypte Semiramis tres sçauante en Geometrie entoura la superbe & grande Babilone de beaux edifices, & de murailles de bricques.

Vous ne deuez douter Theophile,

que tous ces beaux & doctes esprits
n'ont point passé le cours de leurs vies
sans auoir ressenty les reuers & l'incon-
stance de la Fortune, & tout cela ne
peut empescher qu'à la posterité que
leur nom ne soit immortel parmy les
hommes illustres.

N'ayez plus de regret d'auoir esté
long téps captif, & n'estre venu si tost
nous voir que vous eussiez bien desiré,
puis que tant que nous sommes, vous
promettons que doresnauant Minerue & toutes ses compagues vous par-
tageront à l'encontre des enuieux de
vostre bonheur, & le succez de vostre
fortune, outre comme encore nous
chanterons a iamais les los de vostre
vertu.

LES MVSES DE MINERVE
A THEOPHILE, L'VN DES
beaux esprits de ce temps.

NOus ne sommes point ceux qui d'vne
    ame legere
Sans cognoistre les cœurs ayment parfai-
ctement,

Vne telle amitié n'eſt rien que paſſagere
Elle ne peut auoir qu'vn foible fondement.

Souuent la bouche dit ce que le cœur ne
      penſe,
Elle eſt pleine de miel, & le cœur plain d'a-
      mer
Qui d'vn amy parfaict a eu la cognoiſſance
Comme vn rare threſor elle doit eſtimer.

Le fin or le cognoiſt par la pierre de tou-
      che,
Les arbres par les fruicts, & par le fer l'ay-
      mant,
Mais l'homme ne ſe peut cognoiſtre par la
      bouche,
Car ſouuent il dit l'vn & ſçait tout autre-
      ment.

FIN

L. V. M.